LE SIÉGE

DE VALENCIENNES

PARIS. — TYP. DONDEY-DUPRÉ, RUE SAINT-LOUIS, 46.

LE PRINCE
DE LA MOSKOWA

LE SIÉGE

DE

VALENCIENNES

ÉPISODE

DE L'HISTOIRE MILITAIRE DU DIX-SEPTIÈME SIÈCLE

PARIS

LIBRAIRIE NOUVELLE

BOULEVARD DES ITALIENS, 15, EN FACE DE LA MAISON DORÉE

1855

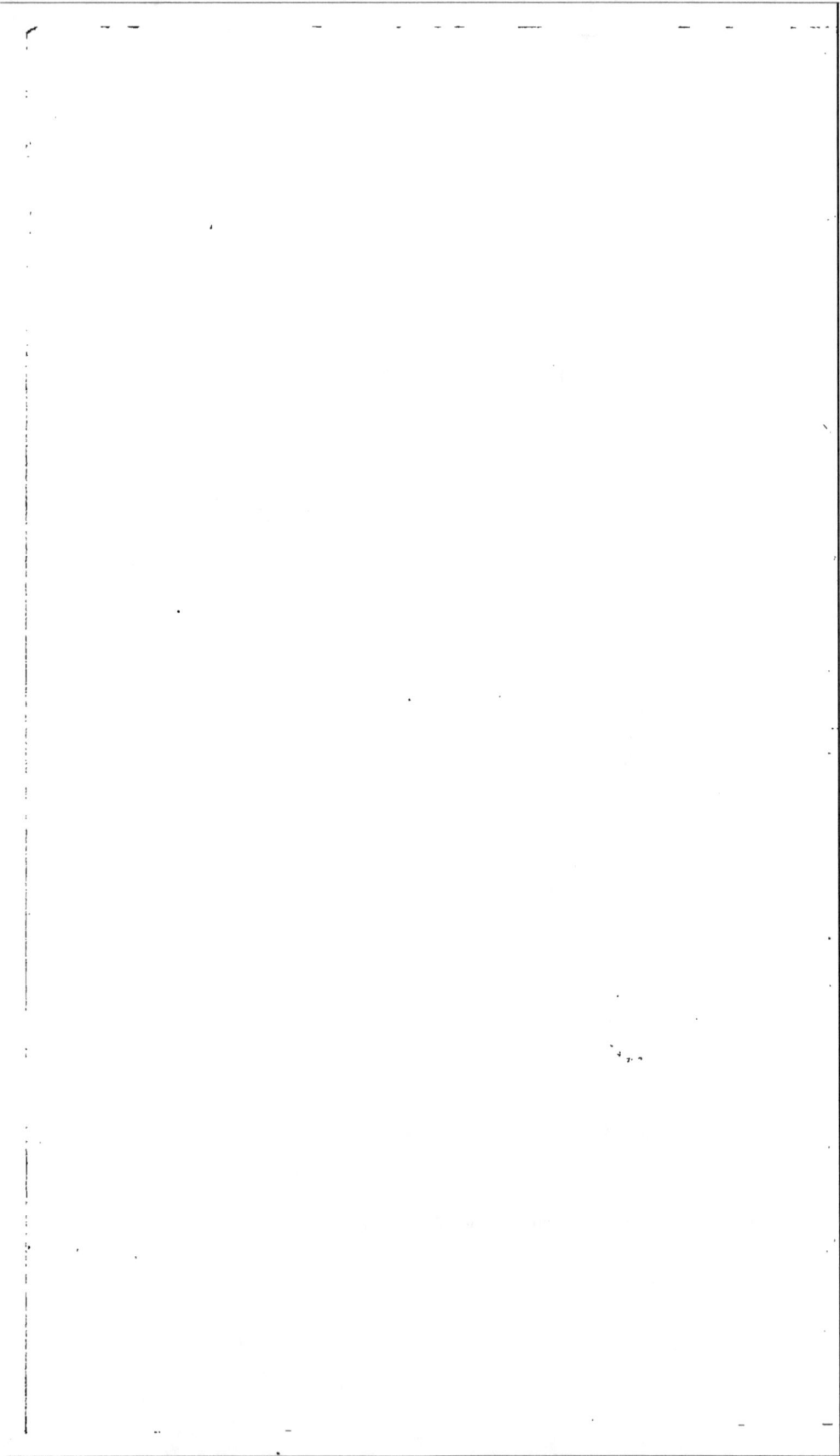

LE SIÉGE

DE VALENCIENNES

Vers la fin de l'automne de 1854, j'avais transféré mon quartier général à Valenciennes. Le temps était froid et triste ; le soleil ne projetait plus ses rayons que rarement sur les prosaïques labourages du Hainaut ; les arbres secouaient leurs dernières feuilles, et les rossignols de la forêt de Raismes avaient perdu leur voix. Les promenades aux environs, dans les champs de colza, sur les grandes routes de Condé ou de Douai, toutes noircies de charbon et encombrées par des voitures pleines de betteraves, me parurent bientôt dépourvues de charme. Peu égayé par l'aspect de ces paysages monotones, je me repliai sur moi-même, résolu à chercher ailleurs que dans le spectacle de la nature le moyen d'ajouter quelque attrait à ma nouvelle résidence. Je rends hommage au progrès industriel merveilleux dont le département du Nord est devenu le théâtre depuis quelques années, et m'en réjouis volontiers comme bon citoyen. Cependant,

1.

l'avouerai-je ? lors de mon arrivée dans notre New-castle français, je ne me trouvai pas du tout porté à visiter les manufactures de sucre indigène, à parcourir les forges ou les usines, ni même à descendre dans les fameuses mines de houille. Peu soucieux d'interroger les secrets de leurs abîmes, je me sentais bien autrement entraîné à demander aux bastions de la vieille ville flamande quelques souvenirs d'une de ces sanglantes affaires de guerre dont ils ont été si souvent les témoins.

Trois époques distinctes, mais chacune d'un immense intérêt, se partagent l'attention de l'historien militaire dans ses études rétrospectives sur Valenciennes ; elles sont caractérisées par trois siéges célèbres que soutint successivement cette ville, exposée par sa situation géographique aux incessantes vicissitudes de la guerre : j'entends parler du siége de 1557, lors de la célèbre insurrection des Flandres ; de celui de 1677, par Louis XIV, durant les négociations pour la paix de Nimègue, et enfin du terrible siége de 1793. Étudier et raconter avec détails l'un de ces grands événements militaires, entre les occupations du camp et l'espoir d'une guerre prochaine, n'était-ce pas la meilleure manière que je pusse imaginer de passer mon temps à Valenciennes ? Je me mis sans retard à l'œuvre.

Les sévères figures du Taciturne et du duc d'Albe, la ligue des *gueux*, les luttes implacables de religion, l'inquisition aux prises avec la liberté, tout ce qu'il y eut de coloré et de dramatique dans les faits de cette époque mémorable offrait, on en conviendra, bien des séductions à un fanatique du xvi⁰ siècle tel que moi. Je ne m'arrêtai pas cependant à la vue du sac et du pillage de Valenciennes, par le sire de Noircarme, général des armées de Mme la Gouvernante (1), et je me refusai même à rechercher le nombre et les noms des pauvres magistrats huguenots que les Espagnols pendirent aux portes de la ville en cette circonstance après l'avoir livrée au pillage.

Deux siècles plus tard, en 1793, Valenciennes avait offert un autre spectacle, qui avait aussi sa grandeur : les patriotes et la garnison de cette énergique cité avaient opposé une résistance héroïque à une armée de cent mille Autrichiens, Anglais et Hanovriens, qui payèrent chèrement leur victoire (2). Dans ces scènes de carnage et d'incendie poétisées par le noble amour de l'indépendance, et dont on ne vit la fin qu'après la signature de la plus honorable capitulation, il y

---

(1) Marguerite d'Autriche, duchesse de Parme, sœur naturelle de Philippe II, roi d'Espagne.

(2) La ville fut reprise un an après sans coup férir par les Français que commandait le général Schérer.

avait bien de quoi exercer la verve d'un écrivain. Je renonçai pourtant à raconter le siége de 1793, me rappelant que M. de la Pommeraye l'avait décrit dans les plus grands détails. En définitive, j'ai mieux aimé écrire le récit d'un des plus brillants et des plus heureux coups de main de nos anciennes armées que l'histoire d'un échec essuyé par nos soldats, quelque héroïque qu'il ait été d'ailleurs. Obligé d'opter, j'ai préféré la gloire des mousquetaires à celle des gardes wallones, et j'ai choisi pour sujet la prise de Valenciennes par le roi de France en personne, le 17 mars 1677, après huit jours seulement de tranchée ouverte. J'espère qu'on trouvera que j'ai eu raison (1). Dois-je ajouter ici que les militaires, préoccupés de la guerre d'Orient, se sentent portés plus que de coutume peut-être à étudier l'histoire des siéges célèbres? Aujourd'hui tout le monde en France parle de tranchées, de parallèles et de bastions. On pardonnera donc à un général de cavalerie de s'être fait officier du génie pour un moment.

---

(1) A Valenciennes, tel est l'effet produit par cette vigoureuse action de guerre, que les impressions plus récentes du dernier siége y sont presque oubliées. L'étonnement de Louis XIV à la vue de sa *maison rouge* maîtresse par surprise de la place assiégée, où le grand roi ne s'attendait pas à entrer avant vingt jours, est une de ces anecdotes tout à fait locales qu'on ne manque pas de raconter aux étrangers de passage dans la ville.

I

L'année 1676 avait été glorieuse pour Louis XIV :
Condé pris le 25 avril, Bouchain le 10 mai, Aire le
31 juillet, la levée du siége de Maëstricht, défendue
par le brave Calvo, enfin la victoire navale de Mes-
sine, remportée par le duc de Vivonne et Duquesne
sur l'illustre Ruyter, qui y fut blessé mortellement,
tels étaient les brillants résultats de la campagne.
Comme ombre au tableau apparaissait cependant sur
les bords du Rhin la prise de Philippsbourg (1), effec-
tuée après quatre longs mois de siége il est vrai, mais
qui n'en était pas moins un échec. Au regret que le
roi devait en éprouver se joignait dans son esprit une
déception plus vive peut-être : Louis XIV avait man-
qué l'occasion, la seule qu'il eut jamais dans sa vie,
chose singulière, de livrer une bataille, et cela contre
l'armée hollandaise et espagnole, commandée par le
prince d'Orange en personne. Le 30 avril 1676, toute
cette armée l'attendait, rangée sur le glacis de Valenciennes. Si l'histoire dit vrai, les deux souverains

(1) Le duc de Lorraine, fier de la prise de Philippsbourg,
comptait si fort que l'Alsace lui était ouverte désormais, qu'il
avait fait écrire sur ses étendards : *Aut nunc aut nunquam !* (Aujourd'hui ou jamais !)

brûlaient d'en venir aux mains. Le duc de Villa-Hermosa détourna Guillaume de cette pensée, et Louis XIV se rendit à l'avis de la majorité de ses maréchaux, qui le suppliaient de ne pas attaquer les lignes ennemies (1); mais les journaux hollandais, qui ne laissaient échapper aucune occasion de railler le grand roi, ne perdirent pas celle-là : ils prétendirent méchamment que Louis XIV ne s'était pas fait beaucoup prier pour renoncer à livrer bataille. Parmi les raisons qui tendent à me faire croire néanmoins qu'il en avait un désir réel, — sans citer, bien entendu, ni les correspondances de la cour, ni le *Mercure galant* de l'époque, — je ferai remarquer que le maréchal de la Feuillade, ce courtisan accompli (2), appelé à donner son avis dans le conseil (3), soutint seul et avec persévérance l'opinion de son maître, dont il avait certainement su pénétrer la véritable pensée.

Quoi qu'il en soit, il paraît que les piqûres des gazettes hollandaises blessèrent au vif Louis XIV, qui jura de prendre bientôt quelque éclatante revanche

(1) Guillaume s'était retranché *sur la contrescarpe*, suivant l'expression alors en usage.

(2) Madame de Sévigné l'appelait le courtisan passant tous les courtisans passés.

(3) Le conseil se tint à cheval devant la ligne. Les détracteurs de Louvois prétendent que ce ministre fut pour beaucoup dans la résolution que prit le roi, et cela par crainte d'une bataille, toujours plus périlleuse qu'un siége, où l'on peut se mettre souvent à couvert.

sur les lieux mêmes. Ses armes, si heureuses en général avec les places fortes de Flandre, avaient moins
brillé devant Valenciennes. Sans doute il s'était rendu
maître en fort peu de temps de Condé, et notamment
de Bouchain, à la barbe de l'ennemi, en présence de
l'armée hollando-espagnole et du prince d'Orange,
qui la commandait, sans que Guillaume eût tenté de
s'y opposer; mais le grand roi avait toujours sur le
cœur le désastre de 1656, alors que Condé et les Espagnols forçaient les lignes du maréchal de la Ferté-
Senecterre, le faisaient prisonnier, et auraient infail-
liblement détruit l'armée française, qui assiégeait
Valenciennes, sans le talent et les efforts de Turenne.
Les débris de nos troupes furent sauvés, mais le siége
fut levé (1).

A ces considérations d'amour-propre s'en joignaient
d'autres d'un ordre politique plus sérieux. Le maréchal d'Estrades, chargé avec MM. de Croissy et d'A-
vaux (2) de suivre les négociations pour la paix de
Nimègue, avait écrit au roi qu'afin de rendre les plénipotentiaires des États de Hollande moins intraita-
bles, il était de toute nécessité que Sa Majesté s'em-

---

(1) Don Juan d'Autriche et le comte de Fuen-Saldagne avaient
des commandements dans l'armée de Condé. Le duc de Bour-
nonville défendait Valenciennes pour les Espagnols. Le maréchal de la Ferté fut racheté par le roi l'année suivante.

(2) Le duc de Vitry malade était venu mourir à Paris.

parât encore en Flandre de quelques places impor-
tantes (1), et Louis XIV, qui voulait sérieusement la
paix, arrêta dans sa tête qu'à la campagne suivante
Saint-Omer, Cambrai et Valenciennes, les trois villes
les plus considérables de l'ennemi, seraient en son
pouvoir. Disons-le à la gloire de ce grand prince, les
succès de ses armées en 1677 dépassèrent tout ce
qu'on en pouvait attendre; à la prise de ces trois
places vint se joindre la brillante victoire de Cassel,
et tout cela ne dura guère plus de six semaines. Dans
cette occasion, le roi dit à Racine et à Despréaux : « Je
suis fâché que vous ne soyez pas venus à notre dernière
campagne, vous eussiez vu la guerre, et votre voyage
n'eût pas été long ! » Racine répondit : « Votre Majesté
ne nous a pas donné le temps de faire nos habits. »

Habilement secondé par Louvois, le roi sut mettre
tant de secret et d'adresse dans les préparatifs de la
campagne, que les approvisionnements étaient faits,
les ordres donnés, Valenciennes investie complète-

(1) Plus tard, le maréchal d'Estrades écrit à Louvois, le 9 mars,
de Nimègue : « Le siége des deux grandes places que le roy fait
en même temps (Valenciennes et Saint-Omer, — le roi avait
toutefois abandonné pour le moment le siége de la seconde)
cause bien de l'épouvante aux gens de ce pays-ci, et cela ne
peut produire que de très-bons effets et donner sujet de se mo-
quer des impertinentes propositions, etc. » — J'emprunte cette
citation, et plusieurs autres qui trouveront place dans cette
étude, à la précieuse collection de documents manuscrits con-
servés à la bibliothèque du ministère de la guerre.

ment, avant que l'ennemi eût découvert le point qu'il
avait à défendre, de telle façon même que le prince
d'Orange s'attendait encore, lors de l'investissement
de Valenciennes, à voir l'armée française assiéger
Mons. M. de Nancré, qui observait cette dernière
ville, mandait à Louvois : « Soyez sans préoccupa-
tions de ce côté, on n'enverra pas de troupes de
Bruxelles pour secourir Valenciennes; ils les réser-
vent pour Mons, où ils disent qu'ils prendront leur
revanche. » Le maréchal d'Estrades écrivait aussi de
Nimègue au ministre : « Je vois peu d'apparence à la
marche de l'armée des États vers Valenciennes ; leur
cavalerie est toujours dans le pays de Couhe et de
Ravenstein, nourrie par les habitants, ce qui fait crier
le pays de Gueldre... Mon *amy* (1) me mande même
qu'on va eslargir les quartiers de la cavalerie depuis
Indhoven jusqu'à Bar-le-Duc. »

(1) Cet *amy* était, à ce qu'il paraît, un personnage fort utile,
dont le maréchal d'Estrades, dans sa correspondance, vante fort
souvent l'habileté, et dont le roi appréciait assez les services
pour les rémunérer. Louvois écrit au maréchal, du camp devant
Valenciennes, le 4 mars : « ..... J'ai reçu la lettre que vous
m'avez fait l'honneur de m'écrire le 9 de ce mois... Je vous ay
déjà mandé que le roy étoit fort content de votre *amy*, et que
pour l'exhorter à continuer à vous écrire, Sa Majesté vouloit
bien lui donner 200 écus par mois. Je vous supplie de l'exhorter
à vous écrire le plus souvent qu'il pourra, et à vous informer
de ce à quoy M. le prince d'Orange résoudra d'occuper son
armée, et si l'on pense toujours au siége de Maëstricht, etc. »
(Manuscrits de la guerre.)

2

Louvois a joué un grand rôle dans tous les événements importants de l'époque la plus glorieuse du siècle de Louis XIV; mais sa part d'action a été surtout considérable dans l'épisode historique dont je m'occupe aujourd'hui. Il est donc nécessaire, avant d'entrer dans le récit du siége, de dire quelques mots de l'homme qu'on voit figurer au premier plan dans les divers incidents de ce drame militaire. Les documents exacts sur Louvois sont assez rares. Pour le connaître, on est forcé de recourir aux mémoires et correspondances de la fin du dix-septième siècle, dont les auteurs, il faut le dire, sont en général plutôt les ennemis déclarés que les panégyristes de ce célèbre ministre. Ces témoignages passionnés s'accordent néanmoins sur quelques points essentiels, je m'efforcerai d'en dégager la vérité.

Doué d'une santé vigoureuse et d'une grande activité, François-Michel Letellier, marquis de Louvois, veillait à tout, pourvoyait à tout et n'oubliait rien. Ses portraits nous apprennent qu'il avait une grande taille, que sa figure était large, ses lèvres épaisses et ses traits sans distinction. Une aptitude merveilleuse pour le travail, une circonspection rare, formaient ses deux qualités dominantes. Il excellait dans l'art de conduire de front et avec succès les opérations militaires et les affaires politiques les plus compliquées. Sa discrétion était si connue, qu'un jour, sur le point de faire un grand voyage, il feignit de se laisser aller à en trahir le but : — Ah! monsieur, ne nous le dites pas, s'écria le comte de Gramont, nous n'en croirions rien ! — On rendait justice aux talents de Louvois, mais il était généralement détesté (1). Son outrecuidance avait à la fin blessé Louis XIV lui-même, et le ministre était à la veille d'une disgrâce (2), lorsqu'il mourut subitement en 1691. Nonobstant l'affaiblissement certain de sa faveur à cette époque, son fils, le marquis de Barbezieux, lui succéda au ministère de la guerre, dont il avait obtenu la survivance depuis dix ans.

Louvois ne quittait que rarement le roi, et le suivait à l'armée, où ses attributions spéciales lui assignaient une place toute naturelle. Il joignait à ses fonctions de ministre celles de chef d'état-major général. Si, dans un siége, de fortes détonations se faisaient entendre tout à coup la nuit et annonçaient quelque sortie de la garnison, on voyait aussitôt Louvois paraître à la porte de sa tente ou de sa baraque, demandant des informations, et très-souvent il se portait au feu

(1) « Cet homme était intraitable, farouche et malfaisant. » (*Mémoires* du marquis de la Fare.)

(2) On dit que Louis XIV fut outré de la proposition que lui fit son ministre de brûler la ville de Trèves : il n'avait pas oublié que l'incendie du Palatinat était dû aux conseils de Louvois.

pour prendre des renseignements lui-même (1). Au
camp, devant Valenciennes, il suffisait aux travaux
les plus multipliés et les plus divers : il se tenait en
rapports écrits avec M. de Quincy à Villiers, près
Cambrai, avec M. de la Motte à Arques, avec le maréchal d'Hocquincourt à Péronne, avec M. de Calvo à
Maëstricht, avec M. de la Coste à Charleroy, avec le
maréchal d'Humières à Mézières-sous-Mons, et aussi
avec MM. de Montal, de Nancré, lieutenants généraux, etc. Sur tous ces points, il entretenait des correspondances en chiffres qui le mettaient continuellement au courant des desseins ou de la marche de
l'ennemi. Toutes les opérations du siége proprement
dit étaient soumises à son approbation : Vauban et
M. Du Metz, lieutenant général commandant l'artillerie, ne traçaient pas une ligne, n'armaient pas une
batterie sans que Louvois eût été consulté. Ces occupations ne le dispensaient pas d'écrire sans cesse au
maréchal d'Estrades à Nimègue, à M. Courtin (2) à

---

(1) Voyez les *Mémoires* du sieur de Chambly-Laudrimont, au-
trefois capitaine au régiment de Navarre, ancien aide de camp
de feu M. le marquis de Louvois (manuscrits de la bibliothèque
de la guerre). Ces détails ne concordent pas beaucoup avec ces
paroles du marquis de la Fare : « Louvois, aussi craintif qu'in-
solent. »

(2) Antoine Courtin, ambassadeur en Suède, puis nommé par
le roi son *résident général vers les princes et États du Nord*. A cette
époque, l'Angleterre n'était point en guerre avec la France.

Londres, et de recevoir de fréquentes dépêches de ces diplomates, tout cela indépendamment de ses courriers d'Espagne, de Sicile, d'Allemagne, etc., et enfin de sa correspondance particulière avec une foule de personnages différents.

Pour se rendre bien compte des occupations de cet homme laborieux, il faut lire dans la collection des manuscrits du ministère de la guerre les *minutes*, presque toutes écrites de sa main, relatives à tant d'objets différents. Louvois remplit souvent des fonctions militaires, telles que celles d'inspecteur général de l'artillerie par exemple, mais sans avoir jamais eu de position proprement dite dans l'armée. C'est Louvois qui introduisit l'usage de l'uniforme dans les troupes françaises, l'ordonnance qui l'établit est de 1670 ; les premiers uniformes des régiments d'infanterie étaient gris clair. Il donna à Louis XIV l'idée de l'hôtel des Invalides. Vauban lui avait enseigné l'art de la fortification (1). C'est par ce ministre que furent in-

Cette puissance joua le rôle de médiatrice au congrès de Nimègue ; elle y était représentée par M. Temple, un des ancêtres de lord Palmerston.

(1) Louvois eut toujours une prédilection particulière pour la science de l'attaque et de la défense des places ; il sut la communiquer à son royal maître. Louis XIV écrivait le 1er août 1676 à Louvois, qui était devant Aire, assiégée par le maréchal d'Humières : « Les grands siéges me plaisent encore plus que les autres. » Il voulait que le roi conservât les villes fortes dont il

stituées les inspections générales de l'infanterie et de la cavalerie. Le premier il réunit un grand nombre de troupes sous les yeux du roi, dans des camps de plaisance où accouraient les officiers étrangers. Louvois créa aussi l'*ordre du tableau*, qui sans doute mettait un frein aux faveurs de cour, mais qui, en conférant des droits à l'ancienneté, retardait parfois la carrière des jeunes gens d'avenir. « Sous Turenne et Condé, écrivaient les auteurs de l'époque, il n'y avait pas d'*ordre du tableau*, et nos officiers n'en étaient pas plus mauvais pour cela. » N'en déplaise à Voltaire, je croirais difficilement qu'un sentiment de justice ait porté Louvois à constituer par cette ordonnance un droit à l'ancienneté des services ; il n'avait qu'un but, c'était d'enlever encore quelques prestiges et quelques prérogatives à la noblesse de cour. Quant à voir dans Louvois un ministre à idées égalitaires ou démocratiques, suivant le sens que nous attachons aujourd'hui à cette expression, rien de moins fondé. Louvois avait pour principe (ce qui était incontesté d'ailleurs en ce temps-là) que tous les officiers devaient appartenir à la noblesse ; il se montra tout simplement le continuateur des doctrines de Richelieu et

---

s'emparait. Turenne et Condé, craignant d'affaiblir l'armée en la répartissant dans des garnisons nombreuses, combattaient l'opinion du ministre, que Louis XIV adoptait presque toujours en définitive.

de Mazarin, un nouveau niveleur de l'aristocratie au profit du pouvoir absolu, — procédé de flatteur, système de courtisan fatal aux royautés, qu'il séduit toujours et finit aussi toujours par perdre.

Malheur à l'homme qui s'était trouvé sur le chemin de Louvois ou qui avait marché sur ses brisées ! Ceux qui volontairement ou à leur insu avaient provoqué en lui un mouvement d'irritation devaient s'attendre à des rancunes implacables. Les plus hardis, les plus puissants surent ce qu'il en coûtait d'entrer en lutte avec ce caractère indomptable. D'une jalousie féroce en amour, il se vengeait impitoyablement de ses rivaux (1). Il était mal avec Villars ; il gêna tant qu'il put Turenne, qu'il n'aimait pas, et dont il laissa à dessein l'armée manquer de plusieurs choses nécessaires dans la campagne de 1675, où ce héros fut tué ; il se vantait d'être le plus mortel ennemi de Lauzun ; il fut, dans une occasion, dur jusqu'à l'insolence avec Catinat ; il ne cessa de persécuter le vicomte de Lorges

(1) Le marquis de la Fare, poussé à bout par les persécutions de Louvois, fut obligé de quitter le service et de vendre sa charge de lieutenant dans les gendarmes-dauphin. Il était coupable, aux yeux du ministre, de s'être occupé de la maréchale de Rochefort. La Fare s'en défend convenablement. Louvois avait aussi pour maîtresse en titre à cette époque une madame du Fresnoy, « femme d'un commis et fille d'un apothicaire, » pour qui la bonté du roi créa une charge nouvelle, celle de dame du lit de la reine.

que lorsque cet officier général lui eut fait sa soumission ; c'est à ce prix qu'il obtint le bâton de maréchal. Louvois n'aimait à élever que des gens de peu ou des gens de condition qui se rendaient pour ainsi dire à sa discrétion. Si Louis XIV, jaloux de son frère, dit-on (1), pour sa victoire de Cassel, ne permit plus

(1) Pour être juste envers Louis XIV, je crois devoir citer la lettre suivante qui semble en contradiction avec la pensée envieuse qu'on lui prête :

« *Au prince de Condé,*

» Du camp devant la citadelle de Cambray, le 15 avril 1677.

» Mon cousin, c'est avec justice que vous me félicitez de la bataille de Cassel : si je l'avois gagnée en personne, je n'en serois pas plus touché, soit pour la grandeur de l'action ou pour l'importance de la conjoncture, surtout pour l'honneur de mon frère. Au reste, je ne suis pas surpris de la joie que vous avez eue en cette occasion : il est assez naturel que vous sentiez à votre tour ce que vous avez fait sentir aux autres par de semblables succès. »

Je ne puis (toujours par mon amour pour la vérité) résister au plaisir de raconter ici une anecdote que je tire des *Mémoires* de l'abbé de Choisy, et qui donne des détails piquants sur les rapports qui existaient entre les deux frères. « Monsieur désirait avoir une place au conseil ; n'ayant pu y réussir, il voulut se faire remarquer, et, par les conseils de l'évêque de Valence, l'abbé de Cosnac, son aumônier, homme de beaucoup d'esprit, il alla au siége de Lille pour attirer l'attention du roi en s'y distinguant. Le roi le sut, et s'en impatienta. —Un jour Louis XIV l'envoya inviter à déjeuner. Monsieur répond à son frère respectueusement qu'il suppliait Sa Majesté de ne pas l'attendre, « qu'il avoit fait commencer un travail, et que, désireux de le voir achever, il avoit fait porter un morceau pour manger à la tranchée. » Sur les quatre heures du soir, le prince revient, rend compte au roi de l'état des travaux, de ce qui s'était passé à la tranchée depuis le matin, et finit par dire assez

qu'il commandât en chef, à coup sûr Louvois fut pour quelque chose dans cette décision. Sans énumérer tous ceux qui furent poursuivis par la haine de ce ministre, disons ce que l'histoire ne lui pardonnera jamais : c'est d'avoir privé de tout commandement pendant plusieurs années, et cela après la retraite de Condé à Chantilly et la mort de Turenne, l'héritier des talents et de la gloire de ces deux grands capitaines, le maréchal de Luxembourg, qu'il fit emprisonner et voulut faire condamner à mort sous l'accusation ridicule d'*avoir fait un pacte avec le diable*. — Ce qui rend la chose plus odieuse, c'est que cela se passait au moment où madame de Maintenon, avec qui, on le sait, Louvois n'avait pas craint de lutter longtemps, régnait enfin sans partage sur l'esprit du roi, en un mot, à l'époque où les réactions religieuses, que Louvois n'avait jamais combattues, prenaient chaque jour plus d'extension (1). Pour terminer la

maladroitement que, « puisqu'il n'étoit pas assez heureux pour pouvoir le servir par ses conseils, il vouloit se rendre digne de le servir de sa personne et de son bras. — Vraiment, mon frère? répond le roi sans paraître ému, mais d'un ton un peu railleur, je vous conseille de vous faire sac à terre! Allez donc vous reposer, car vous devez en avoir grand besoin! » Monsieur depuis continua son premier train de vie, c'est-à-dire de suivre et voir le roi sans se mêler de rien. »

(1) Louis XIV n'était pas sanguinaire; malgré ses griefs particuliers contre le chevalier de Rohan, aux séductions duquel mademoiselle de Thianges, sœur de madame de Montespan,

biographie de ce ministre, disons aussi qu'il était superstitieux au point de consulter « un cordelier fort instruit de l'avenir » sur tous les événements de la guerre. Ce qui ne l'empêchait pas cependant de faire arrêter sur les plus légers indices une quantité de gens accusés de se livrer à la pratique de la magie. De ce nombre furent M. de Lorge, qui, prétendait-on, avait contracté des engagements avec Satan ; M. de Vendôme, qui aurait consulté les magiciens sur la mort probable du roi ; M. de Nevers, fils de madame de Thianges, sœur de madame de Montespan, pour avoir montré à madame de Soissons, sa sœur, son mari expirant.

Toutes ces arrestations faites sur les présomptions les plus futiles, faisaient regarder la Reynie, président de la chambre ardente, comme le grand inquisiteur du royaume et ce tribunal comme l'instrument des vengeances de Louvois. Le fait est qu'il donna des

n'avait pas été insensible, disait-on ; en dépit de la preuve acquise par l'imprudent aveu de l'accusé à l'un de ses juges, qu'il avait bel et bien voulu livrer Dunkerque aux Hollandais, moyennant quelques cent mille livres, le roi était résolu à lui faire grâce de la vie. Louvois et Letellier combattirent les dispositions de Louis à la clémence, se montrèrent dans cette circonstance sans pitié, et obtinrent la mort du malheureux chevalier. — Faut-il rappeler encore que si le motif public donné à l'arrêt capital qui fut rendu contre le jeune Rohan, était le crime de lèse-majesté, on en allégua un autre dans les audiences secrètes des Tournelles, et qu'il y fut accusé d'*incantation*, de *sortiléges* et de *maléfices* en diverses circonstances, et notamment contre femmes et filles qu'il aurait séduites ?

ordres aux commissaires pour informer contre les sorciers de ses ennemis et pour se défaire ouvertement de tous ceux qui le gênaient ; abusant de la délicatesse du roi sur ce qui touchait à la religion, il faisait mourir par piété ceux qu'il ne pouvait pas perdre par justice (1).

En résumé, Louvois était ce que nous appelons aujourd'hui un *vilain homme* (2). Tel qu'on le connaît cependant, on comprendra qu'il fût merveilleusement préparé à diriger tous les détails d'une grande action militaire comme celle qu'il nous reste à raconter.

C'est à la suite d'un hiver rempli par des fêtes magnifiques, destinées à mieux masquer les projets du

(1) *Mémoires* manuscrits de l'évêque d'Ayen et *Lettres* de madame de Maintenon au cardinal de Noailles.

(2) Le marquis de la Fare rapporte dans ses *Mémoires* une anecdote assez plaisante qui, en faisant connaître la dureté de Louvois, vient à l'appui de l'opinion que nous portons ici.

« Nous demeurâmes (1674) quelque temps sur la Sarre, sous les ordres du comte de Sault, duc de Lesdignières, qui, pendant ce séjour, fit lever le siége d'un petit château appelé Bliecastel, attaqué par un corps de quatre ou cinq mille ennemis. Il étoit défendu par un brave capitaine gascon, qui y avoit sa compagnie. — Chose assez singulière nous y trouvâmes cet officier réduit à une telle extrémité, qu'il avoit déjà mangé deux de ses mulets, et étoit prêt à manger sa servante morte par accident, *que pour cet effet il avoit mise dans un saloir !* Ce pauvre homme méritoit bien une récompense : cependant, comme sa compagnie périt presque entièrement dans ce château, qu'il étoit pauvre, et n'eut pas de quoi la remettre en bon état l'année d'après, il fut inhumainement cassé : tant Louvois, secrétaire d'État de la guerre, et ministre alors tout-puissant, étoit injuste, dur et cruel. »

roi, que Louvois partit secrètement de Saint-Germain, où était la cour; c'est le 1er mars 1677 qu'il arriva devant Valenciennes. Cette ville était dès lors une des plus fortes places des Pays-Bas. « C'était, dit un auteur contemporain, une grande cité, considérable par son commerce et fort peuplée. Les fortifications en étaient en bon état. L'Escaut et le ruisseau de Ronel, qui la partageaient en plusieurs endroits, en augmentaient encore la force par des inondations. » Le marquis de Richebourg, frère du prince d'Épinoy, était le gouverneur de cette place; il avait pour second le meilleur officier d'infanterie de l'armée espagnole, M. des Prés; selon le *Mercure hollandais* de **1677**, la garnison se composait de deux mille fantassins et de douze à quinze cents chevaux. Une partie de la bourgeoisie avait pris les armes sur la promesse d'une exemption d'impôts pendant douze ans. Toute l'Europe regarda l'entreprise de Louis XIV comme imprudente, surtout dans une pareille saison et par un temps abominable. Les ennemis, loin de s'en inquiéter, parurent s'en réjouir, ne doutant presque pas « qu'on n'y reçût un affront, ou qu'on n'y ruinât son armée (1). » Le fait est que, le jour où l'investissement de la place fut terminé, les bourgeois de la ville

(1) « On regardait, vu l'état de ses fortifications, l'attaque contre Valenciennes comme une témérité. » (*Mémoires* de Villars.)

donnèrent « les violons » sur les murailles, dans l'intention de railler et de défier les Français.

Valenciennes, au commencement de 1677, n'avait pas encore vu s'élever la citadelle qui la protége aujourd'hui. Cette citadelle, construite aussitôt après la prise de la ville, est l'œuvre de Vauban, qui dirigeait les travaux du siége en personne. Elle se trouve en arrière du front par lequel la place fut attaquée. La grande baie gothique, issue extérieure de cet ouvrage, dont le pont-levis traverse l'Escaut, servait, jusqu'à l'époque du siége, de porte à la ville même ; elle conduit dans l'intérieur du *pâté*, espèce de construction massive, sorte de *ravelin* qui couvrait cette entrée importante. Le *pâté*, entouré d'un fossé plein d'eau venue de l'Escaut, a ses abords protégés par une *contre-garde* revêtue, qui est elle-même précédée d'un *ouvrage couronné* d'un grand développement.

Or, à l'époque du siége, cet *ouvrage couronné* ou *à cornes*, comme on dit à présent, était en terre et sans revêtement ; sa gorge s'appuyait solidement d'ailleurs sur deux grandes demi-lunes, celle de droite baignée par l'Escaut, toutes deux percées d'embrasures et de meurtrières, avec vue sur le fossé, qui était pourvu de bonnes traverses, mais à sec.

Je ne dois pas oublier non plus deux demi-lunes, peu spacieuses d'ailleurs, qui, placées à cette époque

3

en avant des deux demi-bastions de l'ouvrage couronné, en couvraient les approches. C'étaient les
seules défenses de la place de ce côté. Quoique les
lunettes et le fort Dampierre n'existassent pas alors,
on voit cependant que ces fortifications n'étaient pas
sans importance. Les traces du combat très-vif qui se
livra à l'entrée du *pâté* entre les mousquetaires et les
défenseurs de cet ouvrage existent encore et sont fa-
ciles à reconnaître. Les balles ont fait sur la muraille
de nombreuses et profondes marques, que j'ai regar-
dées bien souvent en parcourant pied à pied l'itiné-
raire de nos intrépides soldats.

Après avoir décrit la place qu'il s'agissait de soumettre, il n'est pas hors de propos de jeter ici les
yeux sur l'Europe au moment où commençait l'importante campagne de 1677, afin de nous rendre un
peu compte du rôle qu'y jouait alors la politique res-
pective des États. Le roi d'Angleterre et les amis de la
dynastie des Stuarts nous étaient favorables. Dans le
discours du trône, Jacques II s'était félicité de son rôle
de médiateur à Nimègue. De leur côté, les Orangistes
le contrecarraient, bien entendu, et de leur mieux,
sous ce rapport : c'était le parti de l'opposition dans
les communes. Le pape Innocent XI, sympathique
pour la France, avait envoyé à Vienne, en qualité de
nonce extraordinaire, Ludovico Bevilacqua, patriarche

d'Alexandrie, offrant de se porter médiateur entre les puissances catholiques. Néanmoins les Espagnols traînaient les négociations en longueur, car ils étaient pleins d'espérance sur les résultats d'une campagne prochaine (1). L'empereur et tous les alliés avaient promis d'envoyer encore sur le Rhin une armée plus puissante que les années précédentes. L'électeur de Brandebourg et le duc de Neubourg, qui s'étaient déclarés depuis quelques mois contre la France, avaient tenu des conférences à Wesel, où presque tous les ministres accrédités à Nimègue s'étaient rendus, et l'on y avait formé de si grands projets qu'on ne doutait pas du succès dès la reprise des hostilités. Ils comptaient que la chambre des communes anglaises, dont la session était alors ouverte, et dans laquelle le parti anticatholique exerçait dès cette époque une grande influence, forcerait Jacques II à déclarer la guerre à la France. En un mot, le moment d'abattre la grande puissance de nos armes était arrivé.

Informé de tous ces détails, Louis XIV, qui se doutait bien qu'après s'être emparés de Philippsbourg, ses ennemis feraient de grands efforts au début de la

---

(1) Les plénipotentiaires pour l'Espagne, qui signèrent avec la France le traité du 17 septembre 1678, étaient le marquis de Las Balbaes et don Pedro Ronquillo. Le comte de Kinsky et l'évêque de Gurck, signataires du traité particulier du 7 février 1679, représentaient l'empire aux conférences de Nimègue.

campagne qui allait s'ouvrir du côté de l'Alsace et de la Lorraine, résolut fort habilement de commencer de bonne heure ses opérations en Flandre, afin qu'après y avoir fait quelques conquêtes, il eût le temps d'envoyer en Allemagne des renforts de troupes (1). Au surplus, tout engageait le roi à faire diligence ; le 21 mars, quatre jours seulement après la prise de Valenciennes, M. de Perthuis écrivait de Courtray : « Il vient d'arriver douze mille Hollandais qui sont campés entre Gand et Bruges, près du canal. »

Jamais plan de campagne ne fut mieux conçu, plus soigneusement préparé, exécuté d'une façon plus brillante. Arrivé à la cense d'Urtubise, petite métairie tout près de Valenciennes, Louvois informait Louis XIV de l'investissement de la place, qui s'opéra avec la rapidité de l'éclair par les troupes de M. de Montal, lieutenant général, et par celles du maréchal duc de Luxembourg. Louvois avait eu soin d'envoyer, comme de raison, des ordres aux gouverneurs des villes fortes pour pourvoir à la sûreté des passages et des routes que le roi et Monsieur devaient suivre pour se rendre à l'armée. Le maréchal d'Humières, chargé du commandement des troupes destinées à servir sous

---

(1) On sait de quelle manière le maréchal de Créquy remplissait les vues de Louis XIV dans le courant de l'année, et traitait l'armée du duc de Lorraine.

les ordres du duc d'Orléans, vint camper à Mézières-sous-Mons, et fit occuper les avenues de cette place, afin d'empêcher l'arrivée des secours qu'on chercherait à en tirer pour Valenciennes. Quelques extraits de la curieuse correspondance de Louvois nous le montrent fort préoccupé de cette pensée.

M. de Montal écrivait à Louvois le 1er mars au Quesnoy, à huit heures du matin : « Monseigneur, je reçois votre lettre d'hyer au sujet des trois cents hommes de Saint-Sauve et du pain de munition. Je monte à cheval, et l'investissement sera exécuté comme vous l'ordonnez. » Le 1er mars aussi, le maréchal d'Humières rendait compte au ministre qu'il avait entouré Mons de manière à faire croire à l'intention des Français d'assiéger la ville, et cela dans la pensée d'empêcher les Hollandais d'envoyer du secours à Valenciennes. Le 2 mars, le marquis de Quincy écrivait de Villers qu'il avait pris des mesures analogues pour ôter à la garnison de Cambrai l'envie de jeter des renforts dans la place que se disposait à assiéger le roi. « Je me suis arrangé , dit-il, de manière à ce que l'ennemi ne pût traverser ni la Selle ni le Sauzet. » Ainsi Cambrai, Saint-Omer et Mons étaient serrées de très-près par nos troupes ; mais le roi n'en voulait réellement qu'à Valenciennes.

Louvois mandait à Louis XIV le 1er mars, à quatre

3.

heures de l'après-midi : « Il n'est jusqu'à présent rien entré dans Valenciennes depuis les deux cents chevaux qui y pénétrèrent il y a quinze jours, et la place déjà est investie de tous côtés ; l'on commencera la circonvallation plus serrée aussitôt que l'arrivée des pionniers donnera moyen de le faire. Il fait le plus effroyable temps qu'on puisse voir, et je crains bien que Votre Majesté ne puisse faire les journées qu'elle s'est proposé, particulièrement de Saint-Quentin au Casteau, et du Casteau icy. Si en arrivant au Casteau elle trouvoit l'infanterie trop fatiguée, elle pourroit la faire aller au Quesnoy pour arriver le 5 icy (1). Je mande présentement à M. du Rencher d'envoyer à Votre Majesté quelqu'un au Casteau, le jour qu'elle doit s'y rendre, qui la puisse mener par le chemin qui sera praticable, et lui marquer par où elle pourra passer l'Escaillon. »

Si la lettre qu'on vient de lire prouve que Louvois pensait à tout, elle donne aussi de curieux détails sur l'état des routes et des communications dans notre pays à cette époque. Quelques lignes d'une lettre écrite par M. de Saint-Pouanges (2) à Louvois, et datée de Mauny le 1er mars, huit heures du soir, doivent

(1) Les journées de marche de l'infanterie étaient alors bien plus fortes qu'aujourd'hui.
(2) Fils de Colbert, cousin germain de Louvois.

encore être citées à ce propos. « Le roy est arrivé icy avec assez de peine, écrivait M. de Saint-Pouanges, et sans aucun bagage ; la plupart des carrosses des courtisans sont demeurés par les chemins, et surtout celui de M. de Créquy. Pour le mien, il n'est pas demeuré ; mais nous avons versé dans un penchant fort rudement. M. le chevalier de Nogent, qui étoit du côté que le carrosse est tombé, se plaint un peu de l'épaule, et moi de la tête... » M. de Saint-Pouanges mandait encore au marquis de Louvois du Casteau-Cambrésis, 5 mars : « ... Sa Majesté fait estat de partir demain à la pointe du jour, et d'aller passer l'Escaillon à Bermirain ; il ne sera point nécessaire que vous y fassiez préparer à manger pour Sa Majesté, parce que six chevaux de bast l'ayant suivie, ils arriveront assez tôt demain pour qu'on lui puisse accommoder à souper, Sa Majesté faisant estat de dîner à moitié chemin, etc. » Il paraît qu'en 1677 la manière de voyager en France ressemblait beaucoup à celle qui est d'usage en Afrique aujourd'hui.

Le roi était parti avec MM. de Schomberg, de la Feuillade et de Lorges. Le maréchal d'Humières ayant rejoint l'armée au camp devant Valenciennes, où se trouvait déjà le duc de Luxembourg, le roi eut sous ses ordres pour le siége (1) cinq maréchaux de

(1) Le *Mercure hollandais*, que j'ai été curieux de consulter,

France réunis. Le sol était encore partout couvert
de neige, le temps affreux ; mais on avait la certitude
désormais que rien n'entrerait dans Valenciennes. L'ennemi n'était pas prêt à tenter quelque opération contre
le camp français ; assuré contre le dehors, l'investissement de la ville une fois terminé, le roi n'avait donc
plus à s'occuper qu'à vaincre la résistance de la place.
Or, ainsi que nous l'avons déjà dit, elle pouvait être
envisagée comme très-sérieuse.

Au mois de janvier précédent, le roi avait nommé
lieutenants généraux, pour servir en Sicile, les marquis de Latour de Montauban et de Mornas. Quelques
jours avant son départ, il fit une très-grande promo-
tion d'officiers généraux pour la campagne de Flandre. Tous ces braves, illustrés par leur naissance et
leurs services personnels, se distinguèrent plus tard
dans nos armées, ou furent tués glorieusement sur
nos champs de bataille. Quel que soit le drapeau de
la France, nous devons être fiers du courage de nos
soldats : ils se battirent aussi bien à Senef et à Fonte-
noy qu'à Fleurus et à Marengo ; nos troupes faisaient
aussi noblement leur devoir à Austerlitz qu'à la Mos-
kowa ; elles ne se conduisaient pas moins vaillamment

dit que l'armée française devant Valenciennes était composée
de cinquante à soixante mille hommes, que la tranchée fut ouverte dans la nuit du 9 au 10 par trois mille travailleurs, et sou-
tenue par six bataillons de garde avec six escadrons.

à l'Alma et à Inkerman qu'elles n'ont combattu à
Constantine et à Zaatcha. Le *Moniteur* est là pour
enregistrer chaque jour les beaux faits d'armes de
nos armées; il faut que l'historien, quand il le peut,
rappelle aussi les belles actions de nos anciennes
guerres, dont on perd si facilement la trace et le sou-
venir (1).

(1) J'aime à citer ici les noms des officiers généraux pro-
mus en mars 1677 par Louis XIV. Je m'estimerais heureux
si, dans le fond de sa province, quelque pauvre gentilhomme,
descendant obscur d'une des familles dont je parle, lisait avec
émotion son nom reproduit ici. Voici les lieutenants généraux
nommés par le roi le 1er mars de cette année : — le prince
de Soubise; les marquis de Genlis, de Joyeuse, de Rannes,
de la Trousse et de Monclar; les comtes d'Auvergne, du Ples-
sis, de Bissy, de Chazeron, de Montbron et de Gassion. Les
maréchaux de camp furent : — le prince palatin de Birckenfeld;
les marquis de Lambert, de Renty, de Schomberg, de Tilladet
de Boufflers, de Quincy, de la Rablière; les comtes d'Ayen et
de Broglie; les chevaliers de Fourbin et de Tilladet; MM. d'Al-
bret, de Bocquemare, de Cezan, d'Ortys, de Pertuys, de Ranché,
de Révillon, d'Aspremont, de Lançon, des Bonnets et de la Vil-
ledieu. MM. de Jonvelle et de la Fitte furent en même temps
nommés brigadiers de gendarmerie. Les marquis de Nonnan,
de Busenval, de la Salle, de la Valette, de Montrevel, de Saint-
Gelais, du Bordage et de Livourne, ainsi que les comtes de
Saint-Aignant, de Tallart, le chevalier de Grignan, et MM. de
la Serre, de Saint-Rut, de Vivans, de Langallerie et de Che-
verau, eurent le grade de brigadiers de cavalerie. Le roi promut
en outre au grade de brigadiers d'infanterie les marquis de
Nesles, d'Uxelles, de la Pierre, de Souvray; MM. de Ville-
Chauvre, de Varennes, de Saint-André, de Phisfer, de Catinat,
de Chimène et de Marans.
   On lisait à ce propos dans le *Mercure galant :* « Tous ceux qui
doivent remplir cette année ces grands emplois ayant esté nom-

Aussitôt après l'arrivée du roi au camp, on perfectionna les lignes, on assigna les postes à l'armée, on
réunit les officiers généraux et l'artillerie au camp,
où tout fut rendu successivement malgré les neiges
et les glaces dont la terre était chargée. C'est le front
situé entre les portes d'Anzin et de Tournay qui avait
été choisi pour l'attaque (1). Le roi fit son entrée au
camp le jeudi 4 mars. « Les courtisans, écrit Pélisson
le 9, ont beaucoup souffert durant ces quatre ou cinq
derniers jours, pas un n'ayant équipage, et le roy es-
tant réduit lui-même à son simple carrosse pour lit.
Les équipages commencèrent d'arriver hier, et l'abondance viendra peu à peu au camp, où déjà l'on ne
manque ni de pain ni de fourrages... Le froid est

més, le roy alla coucher à Compiègne le dernier jour de février.
M. de Louvois estoit party deux jours auparavant comme un
éclair qui devance la foudre. On n'a jamais veu une activité
pareille à la sienne, et il conduit avec tant de prudence toutes
les choses qu'il entreprend, qu'il ne faut pas s'étonner si le
succès en est toujours si heureux. Sa grande application aux
affaires, son extraordinaire prévoyance et ses soins continuels
ont fait fleurir, pour les armées du roy seulement, les mois de
may et de juin dès la fin de février. Cinquante mille hommes
de cavalerie et d'infanterie ont trouvé toutes sortes de provisions,
et surtout des fourrages, dans une saison peu avancée, dans un
païs ruiné et sur des terres encore couvertes de neige. »

(1) J'ai sous les yeux une carte du siége, faite à la main et de
l'époque, qu'a bien voulu me communiquer M. Dinaux, de Valenciennes, le savant directeur des archives du Nord. Elle donne
parfaitement idée des travaux de l'armée du roi. On choisit
pour le front d'attaque celui d'Anzin, du côté de l'ouest et de
la route de Douai : c'était le plus fort, mais le plus accessible.

très-rude; on en a souffert particulièrement pendant deux nuits... Ceux qui ont accoutumé d'être en faction depuis trente ans disent n'avoir jamais vu rien de pareil. Le roy a très-grand soin des soldats. Les courtisans font du mieux qu'ils peuvent à l'aide des fourrures et du feu. On applique partout des cheminées aux tentes, et l'on fait des écuries de paille et de boue pour les chevaux qu'on est absolument obligé de garder. »

Parmi les incidents de ces premiers jours de siége, il en est un fort honorable pour le nom de Nicolaï, que je me fais un plaisir de rapporter ici, d'autant que je ne le crois guère connu. Dans les rangs des mousquetaires, qui briguaient tous l'honneur de marcher à l'attaque des dehors de la place, figurait avec distinction Jean-Aimar de Nicolaï, fils de Nicolas de Nicolaï, premier président de la chambre des comptes, office des plus brillants et fort envié à cette époque. Le fils aîné du premier président, qui avait la survivance de l'office; venait de mourir à Paris; c'était le frère du mousquetaire. Le roi apprend la nouvelle de cette mort et fait appeler le jeune officier auprès de lui; il l'informe du malheur de sa famille, lui ordonne de partir aussitôt afin d'aller consoler son vieux père, et, pour première consolation, lui assure la survivance qui vient de devenir disponible par la mort de son frère. Le jeune homme tombe aux pieds du roi et s'écrie : « Sire, dans quelque état que je serve Votre Majesté, elle ne peut pas vouloir que j'y entre déshonoré! » Louis XIV applaudit à ce noble sentiment, et Nicolaï, déjà premier président en herbe, fut le second, dit-on, qui entra en ville à l'assaut mémorable du 17, où il se couvrit de gloire (1).

II

Après en avoir mûrement délibéré, il avait été décidé qu'afin d'enlever la couronne devant la porte d'Anzin, on embrasserait l'ouvrage par trois attaques. Celle de droite fut confiée à deux bataillons des gardes françaises, celle de gauche à Picardie ; enfin on relia ces deux attaques par une troisième, composée du 3e bataillon des gardes, mais cette attaque était fausse. Les parallèles et les boyaux de communication furent tracés pour cet objet.

Le roi plaça son quartier en avant de Famars, sur

(1) Celui qu'on reconnaît pour y être entré le premier est aussi un mousquetaire noir, le jeune de Beauvau de la branche de Tigny.

la rive gauche de la Rhonelle. Valenciennes était investie complétement, d'un côté par M. de Luxembourg à la rive gauche de l'Escaut, de l'autre par les troupes de M. de Montal à la rive droite ; le corps du maréchal avait sa gauche à Saint-Saulve, le centre à Anzin, et la droite appuyée à l'Escaut, en avant de Saint-Léger. Le comte de Montal, à cheval sur la route de Mons, s'étendait de Saint-Saulve à l'Escaut, en contournant la ville, passant par Marly et se joignant par sa gauche aux quartiers du roi. Les corps des maréchaux d'Humières et de la Feuillade étaient établis autour de Famars. M. d'Humières, après son investissement simulé de la place de Mons, qui avait parfaitement réussi, était venu rallier l'armée royale le 11 ; il avait un fils qui servait dans les mousquetaires. Le maréchal de Schomberg était cantonné à Saint-Saulve, le maréchal de Lorges à Anzin. Le roi fit faire des ponts pour communiquer d'un quartier à l'autre. Cela n'était pas sans difficultés, à cause des inondations de la Rhonelle et de l'Escaut. Quoiqu'il y eût beaucoup de neige et de glace sur la terre, il était continuellement à cheval, et par son exemple apprenait à ses troupes à mépriser les fatigues et les rigueurs de la saison.

C'est à l'entrée de la nuit du 9 au 10 qu'on ouvrit la tranchée. « Il est difficile d'ajouter quelque chose, dit un écrivain du temps, à la vigueur avec laquelle la place fut attaquée. Les troupes, animées par la présence du prince, travaillèrent aux tranchées avec une diligence incroyable, malgré l'incommodité de la saison et tout ce qu'il y avoit de pénible dans ce travail, car après les grands froids les pluies survinrent en si grande abondance, et la terre étoit tellement imbibée, que les soldats et les sapeurs travailloient la plupart du temps dans l'eau jusqu'à mi-corps. »

Le succès si prompt qu'on obtint à Valenciennes fut dû sans doute à la vigueur de l'attaque, mais à ces deux circonstances aussi, que la place était serrée de près et les mesures si bien prises qu'elle ne put recevoir aucun secours durant le siége, qu'enfin les batteries et les palissades des dehors qu'on attaquait étaient ruinées par l'artillerie quand on donna l'assaut (**1**), — deux conditions, soit dit en passant, dont aucune n'est encore remplie pour la ville forte de Crimée que nous assiégeons en ce moment. Les communications de la place de Sébastopol avec l'extérieur ne sont ni coupées ni même gênées, et ses défenses, si je ne me trompe, n'ont pas encore été, au moment où je parle, notablement endommagées.

(1) Les Français tirèrent en un seul jour treize cents **coups** de canon ; les batteries de l'ennemi étaient presque entièrement démontées, lorsque le maréchal de Luxembourg donna le signal d'attaquer la contrescarpe.

Le 10 et le 11, on commença les batteries; le 12,
on les termina et perfectionna, sans travailler aux
tranchées, qu'on ne reprit que le 13, et l'on fit des
places d'armes. Il y avait alors vingt-huit pièces de
prêtes; le 13, toutes les batteries étaient terminées.
Elles étaient au nombre de douze, depuis le Noir-
Mouton jusqu'à l'extrémité du faubourg Notre-Dame,
armées d'environ soixante pièces : neuf batteries de
canons, trois de mortiers. J'emprunte à la correspondance de Louvois quelques détails curieux sur ces premières opérations. M. du Metz écrivait au ministre à
une heure après midi :

« Les trois cents balles à feu et les six cents bombes
sont à la batterie des mortiers, mesme qu'il y en a plutôt plus que moins; les mortiers sont tous sur leurs plates-
formes et prêts à donner l'aubade.

» Monseigneur, je feray faire ce soir, puisque vous me
l'ordonnez, une salve de toute l'artillerie, pour avertir
le roy qu'on tirera bientost les bombes; ensuite je ferai
faire une seconde décharge, après laquelle on tirera les
bombes et balles à feu.

» Il me semble, comme vous le disiez fort bien, monseigneur, que moitié bombes et moitié balles à feu, cela
embarrassera davantage.

» Si M. de Vauban désire que l'on tire demain quelques
bombes dans l'ouvrage à cornes, cela sera exécuté, et

l'on recommencera demain les mêmes salves; l'on fera, suivant que vous l'ordonnez, plusieurs fausses amorces cette nuict, mesme l'on tirera quelques coups de canon aux endroits où les balles à feu auront fait leur devoir. »

« Du 15 mars. — Nous avons, M. de Vauban et moi, visité ce matin tous les endroits pour loger des pièces. Je fais travailler maintenant à trois batteries, l'une de huit pièces, l'autre de sept. L'on verra ce soir si l'on pourra loger quelques petites pièces dans le faubourg Notre-Dame. M. d'Augicourt et M. d'Allainville doivent être présentement sur les bateaux de cuivre (1) pour tâcher de reconnaître cela. Les ennemis ont ouvert des embrasures en bon nombre, tant sur la courtine que sur le cavalier (2). Je ferai tourner ce soir les embrasures de la batterie de huict pièces qui a ruiné la porte de Tournay (3) et la demy-lune qui est devant la porte, de manière que nous serons forts en canon contre le cavalier, et pourrons par ce moyen en venir à bout : c'est à quoi je vais m'attacher présentement, M. de Vauban m'ayant fait remarquer que le reste était suffisamment ruiné. »

(1) Le faubourg était inondé.

(2) Les cavaliers ont des dimensions considérables dans la plupart de nos places du nord de la France, et deviennent, quand ils sont armés, des réduits très-forts.

(3) La porte de Tournay et sa demi-lune étaient à l'extrême gauche du front d'attaque. Le fort du Noir-Mouton les précédait ; on l'avait enlevé, et l'on s'y était logé,

La maison de Vauban est indiquée sur la carte du siége à six cent cinquante mètres environ en arrière de l'église d'Anzin, et à huit cents mètres du chemin couvert de la demi-lune de droite de l'ouvrage couronné. C'est de ce lieu, et à la faveur d'un rideau ou pli de terrain qui s'étend jusque assez près de la contrescarpe, qu'on ouvrit la tranchée, dans la nuit du mardi 9, et que fut fait le premier essai de l'attaque de gauche. Les batteries d'Allainville, de Ribergenne et de Saint-Hilaire furent établies de ce côté contre la lunette du Noir-Mouton, la porte de Tournay et le Grand-Cavalier, qu'elles eurent bientôt ruinés. On ajouta encore, en rabattant un peu vers la droite de l'ouvrage attaqué, trois batteries, — l'une particulièrement destinée à labourer le fossé de la face de la couronne et à en détruire les palissades.

Du côté de l'attaque de droite, on chemina d'une manière analogue en échelonnant six batteries successives de trente-cinq canons et mortiers en tout. Les cheminements enveloppaient la gauche de l'ouvrage couronné, et l'artillerie battait de très-près la deuxième demi-lune, la porte d'Anzin, qu'une des batteries voyait tout à fait à découvert, et un bastion du corps de place. Tous ces travaux furent poussés vigoureusement jusqu'à la nuit du 16.

Le journal du siége rédigé par Pélisson nous a laissé,

sur l'emploi des six jours qui précédèrent cette nuit, quelques indications que je me bornerai à résumer (1). — Le mercredi 10, la première garde de tranchée fut montée par le comte Magalotti, lieutenant général ; le comte de Saint-Géran, maréchal de camp ; M. de Rubantel, brigadier ; le marquis de Dangeau, aide de camp du roi ; M. de Jonvelle, brigadier de cavalerie. Le maréchal de Schomberg commandait en chef les travaux. On fit plus de six cents mètres de chemine-ment. — Le jeudi 11, la seconde garde fut comman-dée par le maréchal de la Feuillade. On avança beau-coup, et l'on fit des places d'armes. — Le vendredi 12, la seconde garde fut relevée par M. le duc de Luxem-bourg. Le soir, la garnison abandonna l'ouvrage du *Noir-Mouton*. — Le samedi 13, M. le maréchal de Lorges commandait la garde en chef. Le canon et les carcasses firent grand mal à l'ennemi ; on insulta une redoute et l'on s'empara de l'inondation du faubourg Notre-Dame. L'ennemi brûla tout le faubourg de Cambrai. — Le dimanche 14, la garde fut montée sous le commandement de M. le maréchal d'Humiè-res, qui venait d'arriver. Le canon fit beaucoup de ravages, on construisit de grandes places d'armes. Les carcasses mirent le feu à plusieurs maisons ; elles

(1) Voyez la *Gazette de France* et le *Mercure galant*.

étaient remplies de grenades et de canons de mousquet chargés de balles ; leur feu brûlait dans l'eau et ne pouvait s'éteindre.

Jusque-là, l'ennemi n'avait pas fait de sortie; les travaux d'attaque étaient soutenus par des forces considérables de cavalerie. Quelques gardes françaises avaient été tués, on ne comptait que trois ou quatre officiers blessés, ils appartenaient au régiment du roi. Le 13, on continua de battre épouvantablement la ville depuis huit heures du soir jusqu'à minuit. Pendant ce temps, on jeta plus de cinq cents bombes, sans compter les boulets de canon, qui étaient aussi fréquents que la grêle. Avant la minuit, l'ennemi occupa la petite redoute ou tourelle des grands moulins du faubourg Notre-Dame. Toute cette nuit et le jour suivant, ce fut un triste spectacle de voir les bourgeois effrayés transporter leurs familles et leurs meubles d'un bout de la ville à l'autre. Le 14, au matin, on députa un exprès vers M. le duc d'Aremberg, grand bailli du Hainaut et gouverneur de Valenciennes, résidant à Mons, « pour l'informer de l'état de la place et de la manière dont les assiégeans la traitoient (1). »

---

(1) J'emprunte ces détails au « Journal de Henry de Hennin, bourgeois de Vallentiennes, sur le siége de la ville emportée d'assaut par l'armée victorieuse de Louis XIV, roy de France

La sixième garde fut montée, le lundi 15, par M. le maréchal de Schomberg, M. le duc de Villeroy, lieutenant général; M. le prince palatin de Birckenfeld, de la maison palatine, maréchal de camp; M. le marquis de Montrevel, brigadier de cavalerie; M le marquis de la Pierre, brigadier d'infanterie, et M. le marquis d'Arcy, aide de camp du roi. On arriva à moins de cinquante pas de la contrescarpe. M. de Sainte-Catherine, officier distingué d'artillerie, fut tué d'une balle au front, en regardant par une embrasure. Ce même jour, au matin, « M. Biumy, capitaine au régiment de Sylva, fut blessé à la tête d'un coup de mousquet, dont il expira peu d'heures après, et M. de Saulx, enseigne dans le régiment de M. le comte de Solre, fut tué à la couronne. Après midi, M. Schoot, capitaine dans le régiment allemand de M. le baron de Mernich, y reçut aussi une blessure à la tête, qui lui causa la mort quelques jours après. Trente cavaliers, commandés par M. Sancto, capitaine, firent une sortie jusqu'au camp des ennemis, par Marly, où ils laissèrent quelques fantassins pour être soutenus dans leur retraite. Ils y tuèrent et blessèrent vingt Français. La fin principale de cette sortie était de faire passer un courrier avec des lettres d'impor-

et de Navarre, le 17 de mars 1677. » — Ce manuscrit est en la possession de M. ..., conseiller à la cour d'appel de Douai.

tance (1). » Ce jour-là, aussi, le fils de madame de Sévigné, allant avec sa compagnie de gendarmes-dauphin porter des fascines pour les travaux, eut le talon de sa botte emporté d'un coup de canon.

Le mardi 16, M. le maréchal de Schomberg et les officiers généraux de la garde précédente furent relevés par M. le maréchal duc de la Feuillade ; M. le comte de Montbron, lieutenant général ; M. Stoup, maréchal de camp ; M. le marquis de Revel, brigadier de cavalerie ; M. le marquis d'Uxelles, brigadier d'infanterie, et M. le prince d'Elbeuf, aide de camp du roi. Ce jour-là, on avança considérablement les batteries de mortiers ; la tranchée, étendue en trois branches, environna complétement l'ouvrage qu'on voulait enlever, et l'on fit des places d'armes assez grandes pour mettre un bon corps de fantassins à couvert. L'infanterie ennemie tout entière se trouvait dans les dehors, la cavalerie restée en ville, où les bourgeois avaient relevé tous les postes. Un officier espagnol, déserteur, vint vers midi porter au camp français la nouvelle que la garnison de la place était tout à fait insuffisante pour son étendue. Cependant on n'attacha que peu de foi à ce rapport, qui parut suspect. — La ville, dit cet officier, est d'ailleurs

(1) *Journal d'un bourgeois de Vallenciennes.*

abondamment pourvue de vivres et de munitions de toute espèce, et ne manque pas de pompes, qu'on emploie au mieux pour éteindre les incendies. — Un autre déserteur se rendit dans la soirée et rapporta que, la nuit précédente, le comte de Solre était parvenu à entrer dans Valenciennes en traversant l'inondation à la nage malgré le feu des fusiliers de l'armée royale; mais qu'ayant été pris par le froid, il se mourait, et qu'on lui avait déjà porté le saint sacrement (1). « C'est, dit Pélisson, une belle action à ce seigneur, qui a déjà perdu Condé, et, comme on dit, plus de cinquante mille livres de rentes dans le service du roy d'Espagne. » Au surplus, la nouvelle était fausse, car le comte de Solre fut fait prisonnier dans l'ouvrage couronné à l'assaut, en même temps que le comte de la Tour-Taxis.

Ce même jour, que se passait-il en ville? « Le 10, environ à trois heures du matin, il arriva un courrier de Bruxelles avec une lettre écrite le troisième de mars par M. le duc d'Aremberg à M. le marquis de Richebourg, qui contenoit l'ordre d'exhorter les soldats et bourgeois à se défendre généreusement, avec

(1) On lit dans le *Journal d'un bourgeois de Vallentiennes :* « Le 8, à deux heures du matin, M. le comte de Solre, colonel du régiment d'infanterie de ce nom, accompagné d'un enseigne et de deux guides, entra dans la ville après avoir franchi les prairies inondées malgré l'extrême froidure de la nuit. »

la promesse d'un prompt et puissant secours. Sur les trois heures du matin, le comte de la Tour-Taxis parvint aussi à pénétrer avec trois autres officiers de distinction. Un trompette de M. de Louvois étant venu parler à M. le commandant, il ne voulut pas l'écouter. » Il s'agissait d'une réclamation qui semblerait singulière aujourd'hui, mais qui, à ce qu'il paraît, était dans les usages militaires de ce temps-là. Un courrier porteur de dépêches était attendu au camp du roi, on craignait qu'il n'eût été enlevé par l'ennemi, et Louvois écrivait en même temps au gouverneur de Valenciennes et à don Pedro Zavala, commandant à Mons, pour avoir des nouvelles de son courrier et prier qu'on le lui renvoyât (1).

---

(1) Des conventions ou cartels analogues avaient été échangés pour d'autres motifs, ainsi que le témoigne la note suivante de Louvois :

« Mémoire de passe-ports que M. Lefébure est prié de demander à M. le duc de Villa-Hermosa :

» Vingt passe-ports pour les pourvoyeurs et marchands de vin de la maison du roy, chacun pour deux chariots, six chevaux de bât, six bas officiers de la maison de Sa Majesté, et dix cavaliers d'escorte, pour pouvoir aller, tant de jour que de nuit, de l'armée dans toutes les villes et plat pays de l'obéissance du roy, et par le plat pays d'Espagne; lesdits passe-ports bons pour dix mois.

» De la même teneur pour les pourvoyeurs et marchands de vin de Monsieur, etc.

» Six passe-ports pour les pourvoyeurs de M. le marquis de

Tout marchait à souhait : les troupes de l'attaque
étaient logées sur la contrescarpe ; les défenses des
deux demi-lunes en avant de l'ouvrage couronné
avaient été si bien ruinées par les feux courbes de
M. du Metz, que les assiégés, retirés dans cet ouvrage, avaient renoncé à les garder. Quant aux fraises
et aux palissades du fossé, elles étaient hachées, et
les talus des faces de la couronne (non revêtues d'ailleurs, comme on sait) avaient, grâce à l'éclat des
projectiles creux de l'attaque, perdu une bonne partie
de leur roideur. Un conseil de guerre fut tenu, pré-
sidé par le roi, où l'on délibéra sur ce qu'il y avait à
décider pour l'assaut. Vauban ouvrit l'avis de faire
l'attaque en plein jour, contrairement aux précédents,
et contre le sentiment général, en opposition notamment avec l'opinion de Louvois et de Louis XIV.
« Tout le monde pensoit que la terreur et la confusion
des assiégés seroient bien plus grandes dans une nuit
obscure qu'en plein jour. » Vauban répondait que

Louvois, chacun pour un chariot, quatre chevaux de bât, quatre
valets à cheval et six cavaliers d'escorte.
    » Deux pour M. de Saint-Pouanges, pour un chariot, deux
chevaux de bât, deux valets à cheval et six cavaliers d'escorte. »
— Du 3 mars 1677.

    Les chefs des armées belligérantes se faisaient, comme on
voit, de petites galanteries, tout en échangeant des boulets de
canon.

l'attaque étant d'une si grande étendue, les colonnes d'assaut avaient pour le moins autant à redouter le désordre dans l'ombre que l'assiégé. Suivant l'illustre ingénieur, il était à craindre ensuite que, dans une attaque de forme semi-circulaire, nos gens ne se tirassent les uns sur les autres, si l'on marchait dans l'obscurité. On faisait mieux son devoir d'ailleurs au soleil et sous les yeux du maître que la nuit; il devait y avoir enfin quelque chose de particulièrement brillant dans une action de ce genre, en présence d'un aussi grand roi. Vauban terminait par cette considération, dont l'événement a si bien prouvé la justesse, qu'en attaquant le matin, et même un peu tard, on ne trouverait plus l'ennemi sur ses gardes. « Les assiégés, disait-il, après avoir passé dans l'attente d'une insulte une longue nuit, qu'on s'arrangeroit pour leur faire laborieuse, épuisés de fatigue et tenus en éveil par le bruit infernal de l'artillerie, s'endormiroient à la venue du jour et se livreroient en pleine sécurité au repos, persuadés que, jusqu'à la nuit prochaine, il n'y auroit plus pour eux d'assaut à craindre. »

Le roi finit par se laisser convaincre. On agita ensuite la question de savoir si les troupes destinées à renforcer la garde de tranchée, en prévision de l'assaut, attendraient l'heure de la garde ordinaire pour descendre dans les places d'armes, ou si elles s'y ren-

draient le soir et dans l'ombre. Ce second parti,
vivement recommandé par Vauban, fut adopté pa-
reillement, malgré l'énergique résistance du maréchal
de la Feuillade, qui, dans l'intérêt des gardes françaises, dont il était le colonel, soutenait que pour se
préparer au vigoureux coup de main du lendemain,
une nuit tranquille était nécessaire aux colonnes
d'assaut, que si elles devaient coucher sur la contrescarpe, elles n'y pourraient goûter à coup sûr aucun repos. L'opinion de Vauban prévalut donc encore
cette fois. On parvint à dissimuler aux Espagnols tout
bruit extraordinaire et tout mouvement suspect dans
les tranchées. Grâce à l'obscurité d'une nuit profonde,
les gardes, deux bataillons de Picardie, les deux compagnies de mousquetaires, un détachement de Soissons et un des grenadiers à cheval se glissèrent en
silence, quand la nuit fut bien noire, dans les places
qui leur étaient destinées, sans que l'ennemi se doutât
qu'au point du jour quatre mille hommes des meil-
leures troupes de l'armée française étaient couchés à
quelques mètres du fossé de la couronne, brûlant de
s'élancer au premier signal.

III

On doit le plus grand éloge à l'habileté avec laquelle
toutes les mesures furent prises dans cette occasion.
Que de fois n'a-t-on pas vu les entreprises les mieux
combinées à la guerre échouer par du désordre ou
faute de quelques précautions oubliées ! Ici les conditions du succès furent réunies, on peut dire avec luxe,
royalement en quelque sorte. Une troupe d'infanterie
considérable, ayant pour avant-garde l'élite de la
maison du roi, les grenadiers à cheval et les mousquetaires, ces jeunes héros déjà illustrés par tant de
victoires, — telle fut la composition de la colonne
d'assaut. Elle était digne de l'entreprise, et les préparatifs étaient à la hauteur des résultats.

La huitième garde, celle du jour de l'assaut, fut
montée par M. le duc de Luxembourg, M. le marquis
de la Trousse, lieutenant général, M. le comte de
Saint-Géran, maréchal de camp, et M. le prieur de
Vendôme, aide de camp du roi. Les troupes qui mon-
tèrent la tranchée avec eux furent trois bataillons des
gardes françaises, commandés par M. de Rubantel.

M. de Magalotti voulut s'y trouver en qualité de lieu-
tenant-colonel des gardes ; ce n'était pas son tour
comme lieutenant général de jour (1). MM. les marquis de Bourlemont et de la Pierre firent de même et
commandèrent les bataillons détachés de Picardie et
de Soissons, leurs régiments. Les deux détachements
des mousquetaires gris et noirs marchèrent sous les
ordres de M. le chevalier de Fourbin et de M. le marquis de Jonvelle ; comme officiers généraux qui n'é-
taient pas de jour, ceux-ci pouvaient s'en dispen-
ser (2). Je crois utile de faire remarquer, — à propos
de cet usage de combattre en volontaire hors de son
tour qui se pratiquait alors, et valait, à ce qu'il paraît,
aux officiers zélés les éloges des gazettes, — que rien
de pareil ne peut plus avoir lieu aujourd'hui dans
notre armée. Le droit de marcher y est sévèrement
réglé et limité par un ordre de tour parfaitement
connu d'avance. Chacun y remplit son devoir à son
poste, et ne permettrait pas qu'un camarade vînt lui
ravir ou même partager avec lui l'honneur d'un service pour lequel le nouveau-venu ne serait pas com-
mandé.

Les troupes qui, à côté de la maison du roi et des

(1) Il avait été de tranchée le 9 comme lieutenant général.
(2) Ils avaient monté le 12 et le 14 comme brigadiers d'infanterie.

mousquetaires (1), eurent part à la gloire de la journée furent quarante-deux compagnies de tous les régiments d'infanterie de l'armée, et les *carabins* des
gardes. Les deux pelotons de la compagnie des grenadiers à cheval de la maison du roi étaient commandés par MM. de Riotot et de Roquever. Les auteurs de
l'époque racontent que l'air sauvage et martial des
grenadiers produisit une vive impression sur l'ennemi,
peut-être à cause des grandes moustaches ou du bon-

(1) Les mousquetaires s'étaient infiniment distingués dans les
siéges, surtout depuis la campagne de 1672. Ils étaient devenus
la terreur de l'ennemi dans ces occasions, et rien ne fut plus
admirable que la manière dont ils emportèrent Valenciennes
en 1677. Leur valeur personnelle et la prudence de leurs officiers les rendaient également recommandables dans ces sortes
de rencontres. Le roi était capitaine des deux compagnies, composées chacune de deux cent cinquante *maîtres* (elles étaient depuis longtemps sur le même pied). Les mousquetaires de garde
avaient bouche à la cour, les deux compagnies se relevaient
tour à tour comme les régiments des gardes françaises et suisses. Ils combattaient comme les dragons, mais en général, dans
les batailles, ils ont combattu à cheval et en escadrons. Cependant à la journée de Cassel, ils servirent à pied au commencement de l'affaire, puis remontèrent à cheval. La première compagnie fut fondée en 1622, c'étaient les anciens carabins. Le
premier capitaine fut M. de Montalet, le deuxième un gentilhomme du même nom, le troisième M. de Tréville. Ensuite
vinrent le duc de Nevers, neveu de Mazarin, puis d'Artagnan,
tué au siége de Maëstricht et remplacé par le bailly de Fourbin, qui commanda la première compagnie des mousquetaires
gris au siége de Valenciennes. La deuxième compagnie ne fut
constituée qu'en 1662, pour aller en Lorraine à l'expédition de
Marsal, qui fut pris par le maréchal de la Ferté.

5.

net de fourrure à l'*esclavonne* qu'ils portaient ; la barbe, comme on sait, depuis la mort de Henri IV, était passée de mode. Du reste, les grenadiers, comme toutes les troupes dites de la maison du roi, servaient tantôt à pied, tantôt à cheval.

« Tous les matins (dit le bourgeois de Valenciennes que nous avons déjà laissé parler), la plupart des soldats et des bourgeois armés rentroient en ville pour aller querir leurs nécessités. Cette fois la nuit avoit été plus fatigante que de coutume ; il ne resta de garde dans les dehors de la porte d'Auzin, ce jour-là, que la compagnie de M. de Pitte-Pance, seigneur de Montauban, dont plusieurs soldats encore s'étoient absentés pour soigner leurs maisons, situées sur la paroisse de Saint-Jacques, lesquelles étoient fort exposées à la ruine et à l'incendie des bombes, toutes les autres compagnies de bourgeois et celle de la jeunesse qui avaient veillé au dehors étant rentrées en ville pour prendre un peu de repos. » Le duc de Luxembourg, à qui était confié le commandement des troupes d'assaut, passa la nuit dans la tranchée à reconnaître tous les lieux qu'on devait insulter le lendemain.

A huit heures, neuf coups de canon donnèrent le signal de l'attaque, et les colonnes se précipitèrent dans le fossé. Le marquis de la Trousse et le comte de Saint-Géran, à la tête des gardes et de Picardie, assaillirent le front de l'ouvrage couronné. L'attaque de droite fut composée des grenadiers à cheval, soutenus de la première compagnie des mousquetaires, les gris (1), et d'un détachement des gardes, sous les ordres de MM. de la Tournelle et d'Avegeant.

Les grenadiers de Picardie, un détachement de Soissons et la deuxième compagnie des mousquetaires (les noirs) se portèrent sur le côté droit de l'ouvrage. En un instant les deux demi-lunes étaient occupées, et les palissades, déjà fort endommagées par le canon, furent arrachées ou renversées ; l'ouvrage à couronne, attaqué par trois côtés, se trouva aussi assailli par la gorge. Déjà depuis longtemps les éclats des bombes, en labourant la terre, avaient beaucoup adouci les pentes et causé plus d'un éboulement dans les talus, qui, ainsi que je l'ai dit, n'étaient soutenus par aucun revêtement. L'escalade se trouvait donc facilitée pour notre infanterie sur tous les points des rampes, et l'escarpe fut gravie partout à la fois ; l'ennemi se défendit bravement, mais ne put résister à l'impétuosité d'une pareille attaque. On tua, on fit prisonnier dans cet ouvrage tout ce qu'on y trouva : quantité d'officiers supérieurs ou de seigneurs de distinction, espagnols ou hollandais, en tout plus de huit

---

(1) Les noms de mousquetaires *gris* et *noirs* provenaient de la robe des chevaux des deux compagnies.

cents hommes. Le pont de la contre-garde avait été levé; l'ennemi, ayant sa retraite coupée, fut obligé de se rendre à discrétion.

Alors, par un hasard providentiel, les mousquetaires, toujours entreprenants et aventureux, découvrirent sur la gauche, dans un mur attenant à la contre-garde et descendant jusque dans l'Escaut, un petit guichet qui était ouvert. Ce passage, invisible d'abord, et qui dut être révélé par quelque fuyard, servait évidemment de communication avec la ville, et l'on avait négligé de le fermer. S'y précipiter, tourner la contre-garde par la gorge, où elle n'était pas retranchée, et en prendre possession, fut pour les mousquetaires l'affaire d'un instant. Ces intrépides soldats, trouvant apparemment que les grenadiers de M. de Riotot (1) n'allaient pas assez vite à leur gré, les bousculèrent, leur passèrent par-dessus les épaules, et prirent la tête.

Il est curieux de remarquer que ces braves faisaient en sorte de se trouver toujours les premiers, et de façon à ce que personne ne pût, sinon les rejoindre, au moins prendre leurs places. Les écrits de l'époque sont unanimes pour attribuer uniquement aux mousquetaires le succès de la journée. Ces jeunes gens,

(1) Il fut grièvement blessé à la tête au commencement de l'action.

tous de la plus haute naissance, nourris dans les traditions de leurs compagnies, où l'intrépidité était une qualité presque vulgaire, téméraires, adroits, maniant parfaitement leurs armes et habitués à se battre en duel, formaient une troupe d'élite à laquelle rien ne devait résister. On comprend que dans des actions où la victoire dépendait de l'énergie ou de l'impétuosité d'une tête de colonne, le résultat d'un combat l'épée à la main dût être en leur faveur : c'est ce qui eut lieu durant l'assaut de Valenciennes. En effet, à partir du moment où les Français eurent trouvé le passage de la poterne, sur le bord de l'Escaut, ils n'eurent guère à se déployer, et combattirent toujours au contraire sur un front des plus étroits, à la barrière de la palissade, sur le pont à bascule, dans le couloir du *pâté* et ailleurs.

La circulation se trouvait alors établie librement entre le camp français et le pont à bascule du *pâté*. Les abords de ce pont étaient retranchés par une bonne palanque ou porte palissadée; il s'y livra une chaude affaire. Les assiégés, on l'a déjà dit, n'avaient aucune idée que les Français songeassent à donner l'assaut pendant le jour. Ils regardaient sans doute comme probable que quelque attaque de vive force pût avoir lieu la nuit suivante, mais ils ne la craignaient pas pour l'instant. Fatigués de leur nuit, une partie des bourgeois s'étaient absentés pour rentrer en ville. Ces gardes civiques, moins disciplinés que l'infanterie régulière espagnole, avaient laissé aux régiments de Lumbres et de Sylva le soin de défendre les dehors, et jouissaient d'un petit moment de délassement dans les faubourgs, quand de terribles détonations et les cris de *tue! tue!* leur apprirent que les Français, contrairement à tous les précédents en usage, se permettaient d'insulter l'ouvrage couronné en plein jour, et que les défenseurs commis à sa garde n'avaient que le temps d'aller reprendre leurs postes de combat. Cependant l'attaque avait marché vivement. Après avoir traversé la petite porte près de l'eau, nos éclaireurs arrivaient sur la plate-forme située en arrière de l'angle de la contre-garde, et nous occupions cet ouvrage, quand les bourgeois débouchèrent du *pâté*, la mèche allumée et la balle en bouche, fifres et tambours en avant, pour porter secours aux ouvrages avancés. Les Valenciennois et nos soldats se heurtèrent au point où se trouve aujourd'hui la tête du pont. Il ne m'est pas démontré que le guichet en fût fermé, je crois au contraire que l'ennemi ne défendit pas la barrière ; il était pressé d'arriver, et dans le premier moment il ne dut pas songer à la défensive (1).

(1) « M. Stas, qui commandoit au corps de garde du pont

La colonne des bourgeois qui accourait de Valenciennes, reçue en tête par les baïonnettes des mousquetaires (1), était poussée en queue par les autres bourgeois en retard qui s'efforçaient d'atteindre les premiers rangs. Resserrée dans un étroit espace et sans moyen de fuir, cette masse compacte ne pouvait ni avancer ni reculer. Il va sans dire qu'aussitôt que cela fut possible, le pont de la ville avait été fermé ; il ne s'échappa donc que les bourgeois qui n'avaient pas encore passé l'Escaut, ou ceux qui, lorsqu'on leva

du *pâté* et s'occupoit plutôt *à faire lever le pont-levis qu'à défendre le guichet, comme il eût été raisonnable de faire,* reçut un léger coup de sabre sur l'épaule droite, et fut fait prisonnier avec son enseigne et quatre de ses soldats, dont deux furent blessés. Un de ces deux, nommé Adrien Boulanger, natif de Vallentiennes, s'efforçant de lever le pont-levis, et ne le pouvant à cause de la multitude des pierres et des briques que le canon des ennemis avait fait tomber d'en haut, fut percé d'un coup d'épée qu'il reçut au ventre, et en mourut trois jours après. Ce premier pont étant franchi, les ennemis parvinrent au deuxième, qui était sur la rivière (c'était le pont du rempart de la ville) ; mais, par bonheur, Jean Wainepain, charpentier et canonnier de la ville, avec Nicolas Menar, graissier, avoient levé ledit pont et fermé les battants des portes au dedans. Nicolas Menar quitta ce poste et courut promptement à l'hôtel de ville pour informer le magistrat du progrès de l'ennemi. » (*Journal d'un bourgeois de Vallentiennes.*)

(1) Ce fut une des premières circonstances où l'on employa cette arme. On lit dans le rapport de Louvois à M. Courtin, ambassadeur de France à Londres, sur la prise de Valenciennes : « ... Mais les mousquetaires ayant mis leurs bayonnettes dans leurs fusils... » Voyez XXIe volume, *Registre de la guerre de* 1677. (Manuscrits du ministère.)

le pont, n'étaient pas assez avancés dans le couloir obscur du *pâté* (1) pour ne pouvoir rebrousser chemin. On se fait aisément une idée de la confusion et du carnage dont ce défilé souterrain devint le théâtre ; il était littéralement obstrué par les morts. Les Français furent obligés de s'arrêter assez longtemps pour déblayer le dessous des voûtes ; cela ne fut possible qu'en jetant les cadavres dans l'Escaut.

M. de Moissac (2), jeune cornette des mousquetaires noirs, plein d'activité et d'intelligence, après quelques instants de combat, n'avait pas tardé à acquérir parmi ses camarades l'autorité et l'ascendant que donnent toujours le talent et le courage exceptionnels ; il ne faut pas oublier que dans ces corps de gentilshommes l'intrépidité hors ligne servait toujours de ralliement. Chacun « y menait des mains » de son mieux pour son propre compte ; la subordination militaire y avait un caractère tout à fait particulier ; aussi les mousquetaires suivaient-ils Moissac, quoique simple cornette, parce qu'il était de tous non-

(1) Dans la crainte qu'une bombe, en pénétrant dans l'intérieur du *pâté*, n'y éclatât et n'y causât de grands ravages, on avait bouché le puits ou cheminée circulaire par où la lumière pénétrait dans cet ouvrage.

(2) Le brave Moissac fut tué quelques jours après à la bataille de Cassel.

seulement le plus brave, mais incontestablement aussi le plus habile.

Quand on eut bien nettoyé l'intérieur du *pâté*, en le parcourant avec soin, Moissac y découvrit dans l'épaisseur d'une grosse muraille un escalier en pierres d'une soixantaine de marches qui menait à une baie conduisant à une arche ou passerelle en briques jetée au-dessus de l'Escaut à une certaine hauteur, laquelle touchait d'un côté au mur du *pâté*, de l'autre à celui de la ville. Nos jeunes gens se hasardèrent hardiment sur ce pont suspendu, où l'on ne pouvait marcher qu'un à un. Au bout du pont se trouvait une porte en bois pratiquée dans l'épaisseur de la courtine et qui était solidement fermée : les mousquetaires la firent sauter, et découvrirent un escalier tout rempli de pierres, de gravois et de ronces, qui semblait ne plus être en usage depuis longtemps; ils le déblayèrent sans souci des coups de mousquet dont on les saluait du haut du bastion de Notre-Dame. L'escalier les mena à la fois au corps de garde de la porte de la ville et au haut du rempart, où on ne les attendait pas si tôt, et l'on se battit pendant quelques instants. Leur premier soin, quand ils y eurent débouché, fut de tourner du côté de la ville une pièce de canon qu'ils trouvèrent sur le rempart, et de faire feu. Jaloux d'achever seuls ce qu'ils avaient si bien commencé, ils se gardèrent d'ouvrir la porte (1), et se bornèrent à recevoir des renforts au moyen de la passerelle. Dans le commencement, les mousquetaires seuls étaient admis à prendre ce périlleux chemin.

Par suite des circonstances que je viens de raconter, on voit que la plus grande partie de l'infanterie espagnole avait été prise dans les dehors, et que le même sort était échu aux bourgeois les plus braves, qui furent faits prisonniers dans le *pâté* comme dans une souricière. Quant à la ville, la plus grande confusion y régnait; le reste des compagnies bourgeoises se ralliait sur la place du Magistrat ou sous les ordres du marquis de Leyde, qui occupait une position à l'autre bout de Valenciennes; mais la porte d'Anzin et ses abords étaient déserts, le rempart de ce côté abandonné, le pont de la ville toujours levé, et l'on supposait qu'il se passerait encore quelque temps avant que les Français n'organisassent un moyen de traverser l'Escaut et d'abattre ce pont, ce qui permettrait aux assiégés un retour offensif et leur assurerait en même temps les moyens de défendre la porte d'Anzin. Ils avaient compté sans les mousquetaires, qui, en moins d'un quart d'heure, tournant cette porte,

(1) Ce fut longtemps après que le maréchal de Luxembourg fut contraint de donner des ordres pour qu'on abattît le pont et sa bascule.

étaient descendus sur la place aux Herbes, et se barricadaient en arrière du pont du Moulin (1). Ils agissaient ainsi pour tenir en respect un régiment de dragons, qui les chargea, mais dont ils firent le colonel, M. de Nandelspiech, prisonnier. On battait la générale partout, et les bourgeois se rassemblaient. La position de nos jeunes gens devenait critique ; ils se trouvaient par le fait enfermés de tous côtés dans la ville ennemie. Alors ils occupèrent les maisons du faubourg, se mirent à tirailler des fenêtres, et firent si bien enfin, que Moissac eut bientôt l'honneur de recevoir une députation des bourgeois demandant à parlementer ; il eut l'habileté d'échanger des otages et de jeter les premières bases d'une capitulation ; le feu fut suspendu, et le maréchal de Luxembourg informé de l'état des choses.

Revenons pour un instant sur nos pas. Que se passait-il en arrière de notre colonne d'attaque?

Les remparts de la ville avaient des vues sur les dehors de la place. Aussi, quand l'engagement eut cessé dans la couronne et la contre-garde, l'artillerie des assiégés, ne craignant plus de tirer sur les Espagnols, commença un feu nourri sur les Français. C'est

---

(1) Ce pont est sur un bras de l'Escaut, à une certaine distance dans l'intérieur de la ville.

pour cela sans doute que j'ai trouvé sur un plan du
siége, tracé à l'époque même, des indices de logements
commencés dans l'ouvrage couronné, par notre infanterie qui dut chercher à s'y couvrir.

Aussitôt le signal de l'assaut donné, le roi, Monsieur
et la cour s'étaient rapprochés de la contrescarpe;
quand les mousquetaires parurent sur le rempart, la
vue de ces braves avait fait éclater dans l'armée le
plus grand enthousiasme. Aussitôt le prieur de Vendôme, aide de camp du roi de service, fut dépêché
par le maréchal de Luxembourg auprès de la personne de Sa Majesté pour lui porter cette bonne nouvelle. Louis XIV disait la chose impossible, et ne voulait pas en croire ses yeux, quand M. de Vendôme lui
montrait les habits rouges de sa maison couronnant
les murs de la ville. Ce fut une allégresse indicible au
camp et à la cour. Ce résultat inespéré combla le roi
de joie, et comme quelques moments après la nouvelle
que la place voulait capituler était arrivée, Louis XIV
envoya les ordres les plus sévères pour empêcher le
pillage.

Une centaine d'officiers s'étaient joints aux mousquetaires et aux grenadiers à cheval. Aux noms que
nous avons déjà cités, ajoutons ceux de MM. le marquis de Wins, de Barrière, de la Hoguerre, de Rigo-
ville, de Bois-Tiron et de Labarre. Cette troupe de

cinq ou six cents hommes avait pénétré dans la rue d'Anzin et dans le reste de la paroisse Saint-Waast, qui se trouva d'abord déserte à cause de la profusion des bombes qui en avaient éloigné l'assiégé ; mais, sitôt que dans le camp on sut les Français entrés en ville, le feu de l'artillerie cessa... C'est alors que les compagnies bourgeoises qui s'étaient réunies à l'appel du tambour, par un retour vigoureux forcèrent les Français à se retirer jusqu'au pont du Moulin, où nos troupes prirent position. Le marquis de Bourlemont, brigadier d'infanterie, colonel de Picardie, fut tué en cet endroit. Quelques instants plus tard, le maréchal de Luxembourg faisait enfoncer la grande porte de la ville et entrait à la tête des gardes françaises. Les assiégés battirent alors la chamade. Le maréchal ordonna aussitôt le désarmement de la cavalerie ennemie, qui stationnait sur la place, et envoya des otages au roi « pour solliciter sa miséricorde... » Comme ces choses se faisaient, M. Leduc, lieutenant, et MM. Tardreau, Tasse et Wery, échevins, se joignirent et s'avancèrent jusqu'à la rue d'Anzin. Là ils rencontrèrent M. le duc de Luxembourg, lequel les arrêta, les interrogea, et dit aux siens en leur présence : « Messieurs, si quelqu'un de la ville a encore la hardiesse de tirer un seul coup de fusil, pillez-la ! — A quoi M. Tasse répondit : — Tout beau, monseigneur, il ne faut pas

6.

exposer toute la communauté à un tel malheur pour
le fait d'un seul! Davantage souvenez-vous que la
journée est encore longue, et que la bourgeoisie est
sous les armes. Le régiment de M. le marquis de
Leyde est à la porte Cambresienne et n'a pas encore
donné! — Êtes-vous du magistrat? lui demanda le
marquis de Louvois, qui intervint à cet instant. —
Oui, répondit-il, et je viens demander la composition
de la ville. — Il est trop tard, répondit M. de Louvois,
et le roy est bien fasché contre vous, parce qu'on lui
a rapporté que vous étiez obstiné à ne pas vouloir
vous rendre! — Je ne pense pas, répliqua M. Tasse,
qu'un roy magnanime blâmera jamais un peuple pour
avoir témoigné à son prince la fidélité qu'il lui devoit.
Voici seulement le sixième jour que vous battez la
ville, vous n'aviez pas encore emporté un dehors jusqu'à présent; si la garnison a fait une faute, est-il
raisonnable que la bourgeoisie en porte la peine? De
grâce, faites-moi conduire au roi! — Il n'est pas nécessaire, dit M. de Louvois, j'ai la parole de Sa Majesté, soyez sans crainte : les habitants auront la vie et
les biens saufs moyennant une somme dont on vous
parlera tantost. J'entre en ville, suivez-moi (1) ! »

Louvois vint à l'hôtel de ville, où il arrêta toutes

(1) *Journal d'un bourgeois de Vallentiennes.*

les mesures nécessaires pour le logement des troupes ; il annonça aussi aux habitants l'intention du roi qu'ils construisissent une citadelle à leurs frais. Quand ils demandèrent au ministre la permission « de faire information sur la prise de la ville pour l'envoyer à Son Excellence (1), il la dénia en disant que *Valenciennes n'avoit plus rien à démêler avec Bruxelles.* » Malgré les murmures avec lesquels les soldats vainqueurs accueillirent l'interdiction du pillage, qu'ils croyaient leur être dû suivant les usages, la ville ayant été enlevée d'assaut, ils finirent cependant par se soumettre aux ordres du roi, et l'on commit peu de désordres dans la ville.

Le roi délégua, pour le gouvernement de Valenciennes, le comte de Bardi Magalotti, lieutenant général, homme de beaucoup de prudence et d'une grande bravoure. Ce choix était judicieux. Natif de Florence, Magalotti devait avoir puisé dans son pays les traditions de certaines franchises municipales et de certaines libertés dont il aurait assurément à mettre l'usage en pratique avec les bourgmestres et les échevins de la ville flamande. Il justifia pleinement le choix de Louis XIV, gouverna avec sagesse la ville, où il se fit aimer, et mourut en 1691.

(1) Le duc de Villa-Hermosa sans doute.

« Ce succès, qui tient plus du prodige que de la vrai-
semblance, ne coûta au roy, dit Pélisson, que le
marquis de Bourlemont, colonel du régiment de
Picardie, trois mousquetaires, six grenadiers à cheval, un capitaine de Picardie et environ quarante
soldats. La garnison, au nombre de trois mille hommes, demeura prisonnière de guerre et fut emmenée
en France. Le comte de Solre, le comte de Taxis et le
colonel Silva furent pris en combattant dans l'ouvrage
à cornes au commencement de l'attaque. Le marquis
de Richebourg, blessé, avoit été fait prisonnier dans
sa maison, M. des Prés aussi. Le roy donna à ses
mousquetaires les chevaux de la garnison, qu'il fit
démonter. A peine la capitulation que le roy accorda
aux bourgeois fut-elle signée, le jour même de l'assaut, le 17 mars, que tout parut aussi tranquille dans
la ville que si elle n'avoit point été assiégée. Malgré
les ordres que le roy avoit donnés pour garantir la
ville du pillage, il auroit été bien difficile d'en venir
à bout, si l'on n'avoit pas eu affaire aux mousquetaires, qui n'ont en vue en combattant que la gloire. »

Louis XIV n'entra pas à Valenciennes à cette époque; il resta à son quartier général, d'où il partit le
21 mars pour Cambrai. Il ne visita Valenciennes qu'en
1680 avec la reine, le dauphin et toute la cour. Il y
revint en 1684. Le 27 mars, il écrivait au maréchal

de la Ferté-Sénecterre : « Mon cousin, je suis bien aise de vous avoir vengé de Valenciennes; je crois même que vous ne serez pas fâché que, comme l'injure que vous y avez reçue (1) ne vous fait point de tort dans mon esprit, je n'aie pas poussé plus loin ma vengeance. J'aurois peine à trouver d'autres lieux où l'on pût vous venger de la sorte : vous y avez mis trop bon ordre pendant cette longue suite d'années où vous avez si dignement servi moi et l'État. » Louis XIV savait, dans ses relations habituelles, tempérer la pesanteur du pouvoir absolu par une recherche d'amabilité et une urbanité extrême qui lui gagnaient tous les cœurs, et dont on ne l'a jamais vu se départir.

Aussitôt après la prise de Valenciennes, le roi se dirigea sur Cambrai pour en faire le siége, et Monsieur, avec une partie de l'armée, alla prendre position devant Saint-Omer. Un an plus tard, la paix de Nimègue était signée.

(1) Louis XIV fait ici allusion à l'affaire de 1653, où le maréchal avait été fait prisonnier par Condé.

FIN

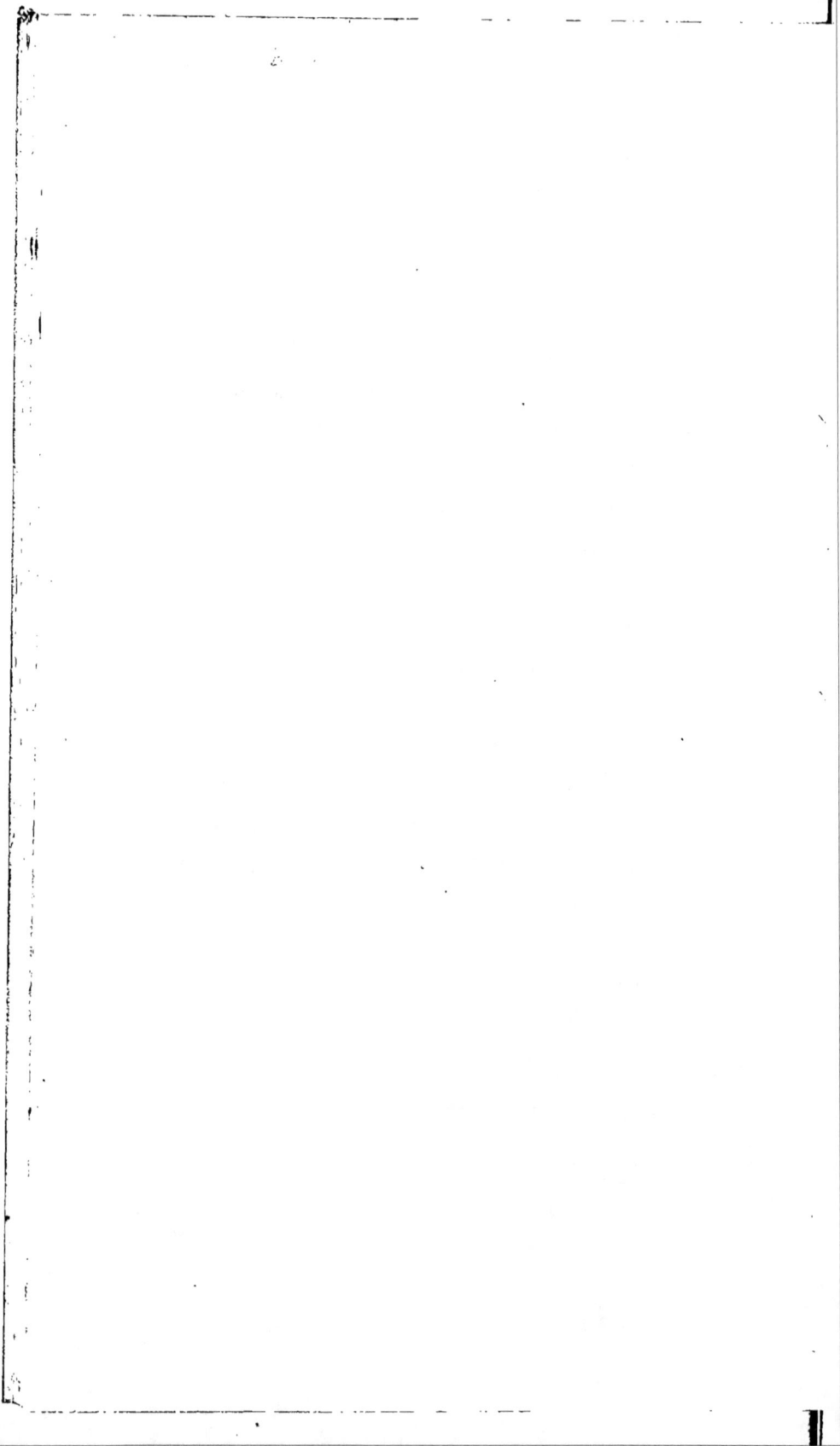

www.ingramcontent.com/pod-product-compliance
Lightning Source LLC
LaVergne TN
LVHW021722080426
835510LV00010B/1099